BEI GRIN MACHT SICH IHR WISSEN BEZAHLT

AF149258

- Wir veröffentlichen Ihre Hausarbeit,
  Bachelor- und Masterarbeit

- Ihr eigenes eBook und Buch -
  weltweit in allen wichtigen Shops

- Verdienen Sie an jedem Verkauf

Jetzt bei www.GRIN.com hochladen und kostenlos publizieren

Bibliografische Information der Deutschen Nationalbibliothek:

Die Deutsche Bibliothek verzeichnet diese Publikation in der Deutschen National-
bibliografie; detaillierte bibliografische Daten sind im Internet über http://dnb.d-
nb.de/ abrufbar.

Impressum:

Copyright © 2011 GRIN Verlag, Open Publishing GmbH
Druck und Bindung: Books on Demand GmbH, Norderstedt Germany
ISBN: 9783668262546

Dieses Buch bei GRIN:

http://www.grin.com/de/e-book/336708/die-rolle-des-staates-in-der-wirtschaft-
theoretische-ueberlegungen-und

Frederik Küster

Die Rolle des Staates in der Wirtschaft. Theoretische Überlegungen und nationale Praxis in Großbritannien

GRIN Verlag

GRIN - Your knowledge has value

Der GRIN Verlag publiziert seit 1998 wissenschaftliche Arbeiten von Studenten, Hochschullehrern und anderen Akademikern als eBook und gedrucktes Buch. Die Verlagswebsite www.grin.com ist die ideale Plattform zur Veröffentlichung von Hausarbeiten, Abschlussarbeiten, wissenschaftlichen Aufsätzen, Dissertationen und Fachbüchern.

Besuchen Sie uns im Internet:

http://www.grin.com/

http://www.facebook.com/grincom

http://www.twitter.com/grin_com

Inhalt

1. Einleitung

Großbritanniens Wirtschaft wurde in den 70er Jahren besonders durch die ausgeprägte Vertretung von Gewerkschaftsinteressen und den daraus resultierenden Streiks geschwächt. Der Voluntarismus, die freiwillige Beziehung zwischen Unternehmen und Gewerkschaften, verhinderte ein Eingreifen der Regierung in die flächendeckenden Arbeitnehmeraufstände. [1] Des Weiteren hatte Großbritannien mit der Entwertung des britischen Pfunds zu kämpfen, was zur Folge hatte, dass das britische Wirtschaftswachstum stagnierte. [2] Auch Rettungsversuche seitens der Regierung, die hohe Arbeitslosenquote Großbritanniens zu senken, scheiterten, was dazu führte, dass die Bevölkerung in Aufruhr versetzt wurde. Um die innere Sicherheit Großbritanniens zu gewährleisten, beschloss die damalige Regierung unrentable Unternehmen mit Staatshilfen zu subventionieren. So entstand eine nicht endende Abwärtsspirale, die die britische Wirtschaft nachhaltig schwächte. [3]

1979 kam es zum Umbruch: Margaret Thatcher, die zur Premierministerin gewählt wurde, verfolgte im Gegensatz zu ihren Vorgängern eine strikt konservative Politik. Eines ihrer ersten Ziele war es, die Freiheit der Briten zu stärken und die Rechte und Pflichten der Bürger hervorzuheben. [4] Thatcher war außerdem bekennende Anhängerin des Monetarismus. Dieser fordert eine stetige und schwankungsfreie Geldmengenentwicklung. [5] Somit legte sie ihr Augenmerk verstärkt auf die Bekämpfung der Inflation und bewirkte einige Änderungen im Finanzsektor. Darüber hinaus vollzog die Regierung Thatchers einen signifikanten Wechsel in der Wirtschaftspolitik, allgemein hin zu einer neoklassisch monetaristischen.

Im Folgenden wird auf die Fiskal-, Geld-, Arbeitsmarkt- und Sozialpolitik, sowie die Privatisierungspolitik unter Berücksichtigung von neoklassischen und keynesianischen Hypothesen eingegangen und diese anschließend auf die britische Wirtschaftspolitik zwischen 1979 und 1990 bezogen. Hierbei stellt sich die Frage, in wie weit Margaret Thatcher der britischen Wirtschaft zum Aufschwung verholfen hat und abschließend, ob sich ihre politischen Maßnahmen noch auf die heutige Wirtschaft Großbritanniens auswirken.

---

[1] Vgl. Rohe, K. Volle, A., (Großbritannien, 1999), S. 331 und 334.
[2] Vgl. Rohe, K. Volle, A., (Großbritannien, 1999), S. 360 ff.
[3] Vgl. Strätling, R., (Die Aktiengesellschaft in Großbritannien im Wandel der Wirtschaftspolitik, 2000), S. 99.
[4] Vgl. Geppert, D., (Thatchers konservative Revolution, 2002), S. 95.
[5] Vgl. Rohe, K. Volle, A., (Großbritannien, 1999), S. 60.

2. Die Rolle des Staates in Wirtschaftstheorien

2.1 Die Rolle des Staates in der Neoklassik

Die Neoklassik hat ihren Ursprung im 18. Jahrhundert in England und setzte sich später über dessen Grenzen hinaus auch in anderen europäischen Ländern durch. Ihre Leitidee ist es, unternehmerische Entscheidungsfreiräume auszuweiten. Für dieses Ziel galt es, bestehende Handelsschranken zu regredieren, sowie die Ständewirtschaft und den Feudalismus zu schwächen bzw. gar zu überwinden.

Die wirtschaftliche Grundvorstellung liegt darin, dass die von einem Individuum eigennützig verfolgten Ziele ebenfalls zur Zufriedenheit des gesamtwirtschaftlichen Bestrebens führen.[6]

Um im späteren Teil den Bogen von der Neoklassik zur Ära Margaret Thatchers schlagen zu können, wird im Folgenden der Fokus auf die monetaristische Sichtweise der Neoklassik gelegt.

2.1.1 Fiskalpolitik

Die Unterschiede vom Monetaristen zum Fiskalisten des Keynesianismus spiegeln sich bereits in der Diagnose konjunktureller Schwankungsursachen wieder. So gelten Monetaristen als Stabilitätsoptimisten, da sie unterstellen, dass der private Sektor keinen relativen Schwankungen unterliegt. Dieser Auffassung nach, wird davon ausgegangen, dass das System der freien Marktwirtschaft selbst für die absolute und optimale Ausschöpfung aller zur Verfügung stehenden Ressourcen sorgt. Sollten trotz dieser Theorie Störungen im System auftreten, sorgt dieses selbst für korrigierende Anpassungsprozesse, die es wieder zurück in ein stabiles Gleichgewicht leiten.

Infolgedessen besteht aus Sicht der Monetaristen nur die geringste Notwendigkeit für wirtschaftspolitische Interventionen seitens des Staates. Ihrer Auffassung nach haben vorzugsweise diese ad - hoc - Eingriffe[7] in der Vergangenheit zu einer häufigen Destabilisierung des Ablaufes innerhalb eines Marktes beigetragen. Dadurch lassen sie diesen Interventionen maximal untergeordnete Bedeutung zukommen.[8]

2.1.2 Geldpolitik

Nach monetaristischer Auffassung dominieren anstelle fiskalpolitischer Maßnahmen monetäre Impulse den Wirtschaftsverlauf eines Staates. Demzufolge lassen sie der Geldpolitik eine Wichtigkeit im höchsten Maße zukommen. "Dabei wird die Geldmenge

---

[6] Vgl. Bohnet, A. (Die Rolle des Staates, 1998) S. 3.
[7] ad - hoc - Eingriff (lat. für „zu diesem, hierfür", im übertragenen Sinne auch "improvisierte Handlung" (vgl. "aus dem Stegreif"))
[8] Vgl. Dorn, D., Fischbach, R., Letzner, V. (Volkswirtschaftslehre 2, 2010) S. 80.

(nach Friedman[9]) autonom von der Zentralnotenbank durch die Steuerung der Geldbasis beeinflusst."[10] Hierbei wird der Geldpolitik die Aufgabe zuteil, eine *verstetige Geldmengenpolitik* zu forcieren. Konkret bedeutet dies, dass die Geldpolitik dafür Sorge trägt, dass stetig eine ausreichende Geldmenge zur Verfügung steht und diese möglichst wenige Störungen und Einflüsse auf das reale Wachstum eines Staates ausübt. Dies bedeutet beispielsweise, dass von der Zentralnotenbank ein Geldmengenwachstum in der Größenordnung des realen Sozialproduktwachstums praktiziert wird.[11] "Das Konzept ist dabei langfristig anzulegen und lautet kurz : *Verstetige Geldmengenpolitik als Zentrum monetaristischer Wirtschaftspolitik.*"[12]

2.1.3 Arbeitsmarkt- und Sozialpolitik

Vertreter des neoklassisch-monetaristischen Konzepts argumentieren bezüglich der Arbeitslosigkeit innerhalb eines Staates dahingehend, dass wenn eine mittelfristig orientierte Geldpolitik, untergeordnet auch Fiskalpolitik, gestärkt werden würde, sich auf lange Sicht, gesehen Vollbeschäftigung einstellen wird. Strukturelle und arbeitsmarktorientierte Maßnahmen stoßen somit auf Ablehnung und werden als unbedeutend deklariert. Daraus folgt, dass in der monetaristischen Marktwirtschaft Arbeitslosigkeit in Kauf genommen und als kurzfristiges Phänomen behandelt wird, man vertraut auf die Eigenstabilisierung des Marktes. In dieser angebotsorientierten Wirtschaftstheorie geht man davon aus, dass ein Nachfragemangel, wie er im Keynesianismus als Beweggrund für Arbeitslosigkeit vermutet wird, nicht existiert, da sich eine Produktionserhöhung im Einkommen wiederspiegelt und daraus resultierend, die Nachfrage steigt. Der stetig anhaltende Strukturwandel eines Staates und seiner Wirtschaft schafft zudem immer neue Beschäftigungsmöglichkeiten, sodass eine absolute Sättigung des Arbeitsmarktes aus monetaristischer Sichtweise ausgeschlossen ist.[13]

Aufbauend auf den monetaristischen Ansichten zur Arbeitsmarktpolitik, die besagen, dass es keine anhaltende Arbeitslosigkeit gibt, da sich der Arbeitsmarkt der gleichen Selbstregulierung hin zum Gleichgewicht unterliegt wie jeder andere Markt, kann nur eine Sucharbeitslosigkeit entstehen. Alle anderen Formen der Arbeitslosigkeit sind auf Marktstörungen innerhalb der Wirtschaft zurückzuführen. Im Monetarismus werden die Arbeitsmarktüberregulierung durch steuer- und tarifpolitische Maßnahmen, sowie

---

[9] Milton Friedman, Hauptvertreter der Monetaristen
[10] Dorn, D., Fischbach, R., Letzner, V. (Volkswirtschaftslehre 2, 2010) S. 80.
[11] Vgl. Dorn, D., Fischbach, R., Letzner, V. (Volkswirtschaftslehre 2, 2010) S. 81.
[12] Dorn, D., Fischbach, R., Letzner, V. (Volkswirtschaftslehre 2, 2010) S. 81.
[13] Rossman, M. (Die Konzeptionen, 2003) S. 12.

überzogene Arbeitnehmerrechte kritisiert und nach deregulierten wirtschafts- und sozialpolitischen Maßnahmen agiert.[14]

2.1.4 Privatisierungspolitik

Im Wirtschaftsinstrument Privatisierung spiegelt sich das primäre Ziel der Monetaristen wieder. Hierbei ist der Staat einzig dafür verantwortlich, die wirtschaftliche Freiheit eines jeden Individuums zu ermöglichen, und das darüber hinaus ausschließlich nach dem Prinzip des "laissez - faire" operiert wird.

Nach Adam Smith bedeutet dies die Gewährung der Eigentumsrechte, den Abbau von ständischen und staatlichen Reglementierungen, sowie die Ausgrenzung von sozialen Einrichtungen, beispielsweise Hospitale und Bildungsanstalten, hinsichtlich der Privatisierungssektoren.[15]

2.2 Die Rolle des Staates im Keynesianismus

Der Keynesianismus wurde durch den Ökonomen John Maynard Keynes und dessen Werk „Allgemeine Theorie der Beschäftigung, des Zinses und des Geldes" geprägt. Auf sein Werk wird hier nicht genauer eingegangen, da dieses sich hauptsächlich mit theoretischen Konstrukten beschäftigt und wenig mit der politische Praxis.[16]

2.2.1 Fiskalpolitik

Der Keynesianismus unterstellt, dass die Selbstregulierungsfähigkeiten des Marktes nicht ausreichen, um eine Krise zu bewältigen. Es wird davon ausgegangen, dass dies nur durch gezielte Eingriffe des Staates möglich ist.[17] Keynesianer sind somit, im Gegensatz zu den Neoklassikern, Fiskalisten.[18] Die zentrale Aufgabe des Staates liegt demnach darin, dass in Zeiten von Rezessionen Vertrauen geschafft wird, indem den Unternehmen und Privatpersonen Zusicherungen gemacht werden und falls nötig, dafür Sorge getragen wird, dass sich eine gesamtwirtschaftliche Nachfrage einstellt. Dies kann der Staat einerseits durch Steuersenkungen für Bezieher von kleinen bis mittleren Einkommen erreichen, da dadurch die Kaufkraft dieser Haushalte steigt und somit auch deren Konsumausgaben, und andererseits durch gesteigerte Staatsausgaben in Form von staatlichen Aufträgen oder Subventionen.[19] Obgleich es so zu einem Haushaltsdefizit kommt, welches durch eine

---

[14] Vgl. Böhnisch, L., Arnold, H., Schröer, W. (Sozialpolitik, 1999) S. 124.
[15] Vgl. Bohnet, A. (Die Rolle des Staates, 1998) S. 4f.
[16] Vgl. Braunberg, G., (Keynes für Jedermann, 2009), S. 160.
[17] Vgl. Pätzold, J., Baade, D., (Stabilisierungspolitik, 2008), S. 39 ff.
[18] Vgl. Mussel, G., Pätzold, J., (Grundfragen der Wirtschaftspolitik, 2005), S. 20.
[19] Vgl. Braunberg, G., (Keynes für Jedermann, 2009), S. 150 ff.

Neuverschuldung des Staates finanziert werden muss.[20] Keynes geht diesbezüglich davon aus, dass diese Schulden in Zeiten der Hochkonjunktur wieder ausgeglichen werden können, indem der Staat die Steuern erhöht, aber auch seine Ausgaben deutlich reduziert. Dieses Vorgehen hätte zudem den Effekt, dass einer neuen Rezession entgegen gewirkt würde, da die Unternehmen durch die Steuererhöhung einen geringeren Kapitalüberschuss hätten und somit nur angemessen investieren würden, und nicht, wie häufig in Boom-Phasen, eine Überinvestition stattfände. Denn diese Überinvestitionen ziehen häufig den Anfang des Abschwunges nach sich. Wobei es an dieser Stelle in demokratischen Systemen zu einem Versagen der Politik kommt, da Politiker zwar die Staatsausgaben erhöhen, um so ihre Wiederwahl zu sichern, aber dann davor zurückschrecken das entstandene Defizit durch die oben genannten Mittel auszugleichen.[21]

2.2.2 Geldpolitik

Die Geldpolitik ist eine weitere Möglichkeit, um die Konjunktur anzuregen. Sie hat allerdings nur eine unterstützende Position im Keynesianismus, da durch die Notenbank die sich im Umlauf befindende Geldmenge, vergrößert werden kann und so sinkende Zinsen herbeigeführt werden. Dies hat zur Folge, dass Unternehmen Kredite zu günstigeren Konditionen erwerben und so Investitionen vornehmen, die bei höheren Zinsen ausgeblieben wären.[22] Die selbe Auswirkung hat die Veränderung der Zinsen auch auf die privaten Haushalte, da sie ebenfalls zu günstigeren Konditionen an Kredite gelangen und es ihnen so möglich ist ihren Konsum zu steigern. Zu beachten ist bei dieser Gelegenheit, dass die Kredite zwar genommen werden können, aber nicht zwangsläufig genommen werden müssen.[23] Keynes nannte diesen Fall die Liquiditätsfalle,[24] da die Notenbank dafür verantwortlich ist, die Preisstabilität zu sichern. Dabei muss sie im Umkehrschluss ihre Zinsen bei Hochkonjunktur erhöhen und die im Umlauf befindliche Geldmenge reduzieren, um einer Inflationen entgegen zu wirken.[25]

2.2.3 Arbeitsmarkt- und Sozialpolitik

Das oberste Ziel einer keynesianischen Politik ist die Vollbeschäftigung. Der Keynesianismus geht dabei sogar soweit, dass die Vollbeschäftigung einer stabilen Preisentwicklung vorgezogen wird. Die Vollbeschäftigung kann auf dem unflexiblen Arbeitsmarkt nicht erreicht werden, da Löhne und Gehälter durch Tarifverträge nach unten starr sind und in

---

[20] Vgl. Altman, J., (Wirtschaftspolitik, 2007), S. 303 f.
[21] Vgl. Braunberg, G., (Keynes für Jedermann, 2009), S. 165.
[22] Vgl. Braunberg, G., (Keynes für Jedermann, 2009) S. 152.
[23] Vgl. Altmann, J., (Wirtschaftspolitik, 2007) S. 380.
[24] Eine genauere Darstellung dieses theoretischen Ansatzes wäre jetzt unangebracht. Für weitere Informationen lesen sie Keynes für Jedermann Seite 152ff.
[25] Vgl. Altmann, J., (Wirtschaftspolitik, 2007) S. 380.

wirtschaftlich schlechten Zeiten nicht angepasst werden können. Dieser Umstand wird im Keynesianismus als Gleichgewicht bei Unterbeschäftigung bezeichnet.[26] Der Rückgang der Reallöhne wäre jedoch für Unternehmen positiv, da sich hiermit die Kosten für Arbeiter reduzieren würden und Unternehmen mehr Arbeit nachfragen könnten. Dies ist allerdings, wie oben bereits genannt, nicht durch Lohnkürzungen möglich. Dieses Problem war Keynes bekannt und sollte dadurch gelöst werden, dass eine Inflation mutwillig herbeigeführt werden sollte. Das bedeutet, dass die Unternehmen ihre Preise in wirtschaftlich schlechten Zeiten erhöhen sollten, um ihre Einnahmen zu steigern und mehr Arbeit nachfragen zu können. Hierbei ist zu erwähnen, dass Keynes diese Vorgehensweise nicht als eine dauerhafte Lösung ansah und Inflation immer als schädlich für die Gesellschaft deklarierte.[27] Keynes sah zur Anregung der Wirtschaft auch die Möglichkeit finanzielle Mittel umzuverteilen. Hierbei sollten die Reichen mehr Steuern zahlen und die Armen durch Steuerentlastungen begünstigt werden. Dies sollte geschehen, da die reichere Bevölkerungsschicht geringere Konsumausgaben bzgl. des Erhalts eines humanen Lebensstandards hat, als die arme Schicht und diese durch die zusätzlichen Mittel mehr konsumieren könnte. Keynes war allerdings nie ein großer Vertreter dieser Option zur Anregung der Wirtschaft.[28]

3. Die Rolle des Staates in der britischen Wirtschaft
3.1 Geldpolitik

Eines der primären Ziele der Thatcher Regierung bezüglich der britischen Geldpolitik war es, das Geldmengenwachstum zu bremsen. Dies lässt sich auf Margaret Thatchers monetaristische Überzeugung zurückführen.[29] Durch eine schwankungsfreie Geldmengenentwicklung, so besagt es der Monetarismus, wird die Inflation zu einer berechenbaren Größe, sodass es den Beteiligten der freien Marktwirtschaft ermöglicht wird, diese in ihre Kalkulationen mit einfließen zu lassen.[30] Wie schon in Kapitel 2.2. Die Rolle des Staates in der Neoklassik beschrieben, wächst, gesamtwirtschaftlich gesehen, aus der stabilisierten Erwartung, das Konsum- und Investitionsverhalten und dies wiederum wirkt sich positiv auf den Handel und das Wirtschaftswachstum Großbritanniens aus.[31]

Es war allerdings keine ausreichende Maßnahme, das Geldmengenwachstum lediglich zu verlangsamen, da die britische Zentralbank dazu verpflichtet war, Staatsdefizite, die nicht über den britischen Kapitalmarkt abgedeckt waren, auszugleichen. Die Thatcher Regierung

---

[26] Vgl. Mussel, G., Pätzold, J., (Grundfragen der Wirtschaftspolitik, 2005) S. 16.
[27] Vgl. Braunberger, G., (Keynes für Jedermann, 2009) S. 148 f und 176 ff.
[28] Vgl. Braunberger, G., (Keynes für Jedermann, 2009) S. 153.
[29] Vgl. Diehl, T., (Die Wirtschaftspolitik Margaret Thatchers, 2010), S. 25.
[30] Vgl. Borchert, M., (Geld und Kredit, 2003), S. 246.
[31] Vgl. van den Adel, M., (Geldentwertung und monetäre Stabilisierungspolitik, 1973), S. 36.

war sich dessen bewusst und gab somit neben den festgelegten Inflationssenkungszielen auch Zielsetzungen zur Neuverschuldung heraus.[32]

In den ersten Jahren der Thatcher Regierung konnte das Ziel zur Senkung der Inflation nicht erreicht werden. Dies lässt sich einerseits auf die gestiegenen Löhne und andererseits auf die durch Thatcher durchgesetzte Mehrwertsteuererhöhung von acht auf fünfzehn Prozent zurückführen.[33] Des Weiteren sollte die Nachfrage nach Krediten durch einen hohen Zinssatz gering gehalten werden, woraus jedoch resultierte, dass Investitionen und das Wirtschaftswachstum gebremst wurden. Auch erwiesen sich die Zielsetzungen der Regierung als nicht umsetzbar und wurden aufgrund dessen mehrfach abgeändert.[34]

Im weiteren Verlauf Thatchers Amtszeit gelang es ihr jedoch, die Teuerungsrate im Vergleich zu der vorangegangenen Regierung Großbritanniens, von 15,5 % auf durchschnittlich 7,5 % herabzusetzen. Jedoch war dies im internationalen Vergleich nicht ausreichend, sodass Thatchers Ziel der Preisniveaustabilität nicht erreicht wurde.[35] Auch die Senkung der Staatsausgaben erfolgte nicht wie von Thatcher geplant. Der Ansatz, die Ausgaben und die wahrscheinlichen Einnahmen des britischen Budgets gemeinsam zu betrachten, war zwar erfolgversprechend, jedoch kam es durch die zweite Ölkrise 1980 in Großbritannien zu einer Rezession. Infolgedessen stieg die Arbeitslosenquote an und die britische Regierung sah sich gezwungen zu intervenieren. Durch die erhöhten Sozialausgaben, welche aus der Staatskasse finanziert wurden, kam es statt zur Senkung, zu einer Ausweitung des Staatsdefizits. Erst 1989 gelang es der Regierung, die Ausgaben zu verringern.[36] Dies gelang jedoch nur aufgrund der gesteigerten Einnahmen durch Steuern auf Öl und der Einnahmen, die die britische Regierung durch den Verkauf von Staatsbetrieben erzielte.[37]

3.2 Fiskalpolitik

In der Vergangenheit wurde vielmals festgestellt, dass die Zusammenarbeit von Geld- und Fiskalpolitik unabdingbar ist.[38] Die Regierung Thatchers legte jedoch, wie unter 3.1. Geldpolitik schon erwähnt, ihr Augenmerk verstärkt auf die Reduzierung der Inflation. Ziel der keynesianischen Fiskalpolitik ist es, durch Eingreifen der Politik, den Konjunkturverlauf so konstant wie möglich und den Beschäftigungsstand der Bevölkerung so hoch wie möglich zu halten. Die Neoklassik besagt jedoch, dass ein Marktsystem diese Ziele von selbst

---

[32] Vgl. Diehl, T., (Die Wirtschaftspolitik Margaret Thatchers, 2010), S. 26 f.
[33] Vgl. Diehl, T., (Die Wirtschaftspolitik Margaret Thatchers, 2010), S. 27.
[34] Vgl. Köpke, T., (Margaret Thatchers Wirtschaftspolitik, 1995), S. 6 f.
[35] Vgl. Köpke, T., (Margaret Thatchers Wirtschaftspolitik, 1995), S. 10 f.
[36] Vgl. Diehl, T., (Die Wirtschaftspolitik Margaret Thatchers, 2010), S. 34 f.
[37] Vgl. Wilhelm, C., Maier, M.,(Kapitalismus, Demokratie und Freiheit, 2000), S. 30.
[38] Vgl. Könke, J., (Die institutionelle Koordination, 1971), S. 9.

erreicht und so ein fiskalpolitisches Handeln der Regierung nicht von Nöten ist.[39] Aufgrund dieser Hypothesen, lässt sich feststellen, dass die britische Regierung unter Thatcher hauptsächlich nach neoklassischen Aspekten gehandelt hat.

Diese Einstellung ließ sich jedoch nicht konsequent durchsetzen, da sich die Regierung mit einem Zielkonflikt konfrontiert sah. Denn einerseits sollte das Staatsdefizit gesenkt werden, andererseits sah Thatcher die Einkommensbesteuerung als zu hoch und ineffizient an.[40] Des Weiteren war sie der Meinung, dass die Unternehmer in Großbritannien zu wenig Wertschätzung erfuhren und durch vorherige Regierungen zu stark geschwächt waren.[41] Infolge dessen veranlasste Thatcher die Senkung der Steuern für Unternehmen und Arbeitnehmer. Im Gegenzug dazu musste die britische Regierung jedoch die Mehrwertsteuer um 7% anheben, um das Staatsdefizit nicht zu erhöhen. [42] Diese Maßnahme alleine reichte allerdings nicht aus, um den Staatshaushalt nicht weiter ins Minus zu manövrieren. Daher sah Thatcher sich Ende der 80er Jahre gezwungen auch noch eine kommunale Bürgersteuer einzuführen. Die sogenannte „Community Charge" sollte dazu dienen, die Steuerlast vom Einkommen unabhängig auf die Bevölkerung zu verteilen. Die „Community Charge", umgangssprachlich auch „poll-tax" genannt (zu Deutsch: Kopfsteuer) löste in Großbritannien enorme Proteste aus. Der Großteil der britischen Bevölkerung sah diese neue Belastung als inadäquat an und Margaret Thatchers Popularität sank stark.[43]

3.3 Arbeitsmarkt- und Sozialpolitik

In der Nachkriegszeit, zwischen 1945 und 1969, wurde in Großbritannien ein Wohlfahrtsstaat gegründet, um die immer noch leidende Bevölkerung zu unterstützen.

Im Zuge dessen wurden Förderungsprogramme geschaffen , die die Lebensqualität der sozial Schwachen verbessern sollten. Hierzu zählten beispielsweise die Sozialhilfe und das Wohngeld. Die dadurch verursachten Ausgaben machten den höchsten Kostenfaktor im Staatshaushalt aus und belasteten die Staatskassen und somit auch die Steuerzahler gravierend.[44]

Margaret Thatcher war Gegnerin dieses Konzepts. Sie versuchte den nach dem zweiten Weltkrieg geschaffenen Wohlfahrtsstaat wieder abzubauen, um so wieder zurück zur freien Marktwirtschaft zu gelangen und die Sozialausgaben zu senken.

---

[39] Vgl. Heine, M., Herr, H., (Volkswirtschaftslehre, 2003), S. 565.
[40] Vgl. Meyer, T., Turowski, J., (Praxis der Sozialen Demokratie, 2006), S. 164.
[41] Vgl. Geppert, D., (Thatchers konservative Revolution, 2002), S. 129 f.
[42] Vgl. Meyer, T., Turowski, J., (Praxis der Sozialen Demokratie,2006), S. 164.
[43] Vgl. Dietl, W., (Machtverlust Thatcher, 2005), S. 22 f.
[44] Vgl. Sturm, R., (Sozialstruktur und Gesellschaftspolitik),
http://www.bpb.de/die_bpb/01598244526840217657576306913618,5,0,Sozialstruktur_und_Gesellschaftspolitik.html, 09.12.2011.

Thatcher erkannte sehr früh, welche Probleme ein Wohlfahrtsstaat mit sich bringen kann, wenn die sozial Benachteiligten der Bevölkerung im Wesentlichen auf Kosten des Staates leben, ohne sich ernsthaft um Arbeit zu bemühen. Ihrer Meinung nach würde dies auf Dauer zu finanziellen Problemen führen, die wiederum Konsequenzen für die Gesellschaft mit sich bringen. Viele Arbeitslose sahen die Sozialhilfe als zuverlässige und bequeme Einkommensquelle an, die zumeist sogar über dem vorherigen Lohneinkommen einer durchschnittlich verrichteten Arbeit lag.

Margaret Thatcher verfolgte das Freund-Feind Denken, welches ihrer Auffassung nach bedeutete, dass nur Menschen, die in soziale Nöte, wie Obdach- oder Arbeitslosigkeit gerieten, aber den Willen zeigten aus dieser herauszukommen, einen Anspruch auf Sozialhilfe besäßen. Aufgrund dessen waren die Arbeitslosen dazu angehalten, sich um eine Arbeitsstelle zu bemühen, um weiterhin eine Unterstützung vom Staat in Anspruch nehmen zu dürfen. Sollten die Bemühungen um einen Arbeitsplatz ausbleiben, so würde die Sozialhilfe soweit gekürzt, dass man mit diesem Einkommen kein nennenswertes Leben bestreiten konnte.

Um die geregelten Sozialhilfen gewährleisten zu können, wurden Mitarbeiter eingestellt, die speziell darauf geschult waren, die Betrüger des sozialen Systems ausfindig zu machen und zu entlarven.

Die Konsequenz war ein enormes Wachstum des Ansporns der Arbeitslosen und sozial Schwachen auf dem Arbeitsmarkt wieder Fuß zu fassen.[45]

Folglich wurden die Sozialausgaben unter „der eisernen Lady" stark beschränkt, was durch die Forderung und Durchsetzung der Zurücknahme der Öffentlichen Hand geschah.

Des Weiteren sorgte Thatchers Regierung für eine höhere Wettbewerbsfähigkeit der Konzerne, indem eine Verminderung der Steuern vollzogen wurde, die eine deutliche Gegenbewegung zur Keynsianischen Theorie darstellte. Margaret Thatchers Regierung bezog sich weitestgehend auf die monetaristische Neoklassik, da sie sowohl die Freiheit der Marktkräfte als auch die Unternehmensfreiheit förderte, um Großbritannien wieder zu einem starken Staat zu machen. Das Ziel der Ära Thatcher war es, eine Stärkung des Marktes zu erreichen, um so die Wirtschaft stabiler zu gestalten. Diese Stärkung konnte nur erreicht werden, indem dem Markt mehr Macht gegeben wurde.[46]

3.4 Privatisierungspolitik

Eines der wichtigsten Ziele Thatchers Regierung war die Privatisierungspolitik. Darunter versteht man den Verkauf staatlicher Unternehmen bzw. den Verkauf einzelner Teile solcher

---

[45] Vgl. Rohe, K, Volle, A., (Großbritannien, 1999), S. 277 f.
[46] Vgl. Wisch, F-H., Martin, P., Martinson, M., Schruth, P., (Europäisches Probleme, 2006) S. 44 ff.

Unternehmen an die Bevölkerung.[47] Mit einer solchen Maßnahme, wollte man eine Verstärkung der Wettbewerbsfähigkeit erzeugen. Dies hatte zur Folge, dass das Verantwortungsgefühl der Bevölkerung gegenüber dem Unternehmen stieg. Der Arbeitnehmer übernahm nun mehr Pflichten für seinen Arbeitsplatz, da er letzten Endes am Gewinn oder Verlust des Unternehmens beteiligt war. Für die Beschäftigten bedeutete das ein Umdenken, da ein Unternehmen den Fokus auf die Gewinnorientierung legen muss, um erfolgreich am Markt bestehen zu können. Dies kann nur dann der Fall sein, wenn die Unternehmen auf dem Markt konkurrenzfähig bleiben, was nur durch eine effiziente und zielgerichtete Arbeit eines jeden Einzelnen ermöglicht werden kann. Zusammenfassend war die Regierung darauf aus, die Einflussnahme des Staates im Wirtschaftssektor sukzessiv zu reduzieren und im gleichen Zug die Marktkräfte weiter zu stärken.

Die Privatisierungspolitik durchzusetzen dauerte seine Zeit. Am Anfang wurde sie nur subtil erwähnt. So wurde sie beispielsweise auch nicht im Wahlkampf genannt, da man sich über die politischen Auswirkungen noch nicht im Klaren war und keine Risiken eingehen wollte. Erst als die Regierung stand und die ersten kleineren Firmen verkauft wurden, wurde öffentlich über die Privatisierungspolitik gesprochen. Zu Beginn der Privatisierungen stand nicht fest, welches Ausmaß diese annehmen würde und wie die Verkäufe überhaupt ablaufen sollten.[48]

Nach dem Verkauf der British Telecom wurde klar, dass Margaret Thatcher bei der Privatisierung keine Rücksicht auf große Firmen nahm. Sollten die großen Firmen ein Monopol besitzen, so durften sie dieses trotz Privatisierung behalten. Es wurde jedoch viel Wert darauf gelegt, dass dieses Monopol nicht zu Ungunsten der Bevölkerung agierte.[49] Ein weiterer Grund für die durchaus langwierige Anlaufzeit der Privatisierung von Unternehmen lag darin, dass der Staat zunächst sämtliche Unternehmen zu Aktiengesellschaften umwandeln musste. Als das geschehen war, trat ein weiteres Problem auf. Der Verkauf der Aktien lief nur schleppend an, weil der Regierung Erfahrungswerte beim Gang an die Börse fehlten. Die Wende kam 1984 mit dem bereits erwähnten Verkauf der British Telecom, welche zu 51%, in Form von Aktien, an private Aktionäre verkauft worden ist. Die durch den Gang an die Börse eingenommenen finanziellen Mittel wurden in den Ausbau der Telekommunikation investiert, wofür im Vorfeld das Kapital fehlte und die Regierung Thatchers keine weitere Finanzierung zu Lasten der Staatskasse vornehmen wollte.[50] Vor dem Jahr 1984 waren die Einnahmen aus dem Verkauf der staatlichen Unternehmen sehr gering. Um den Verkauf zu beschleunigen, wurden die Aktien häufig unter ihrem eigentlichen Wert verkauft. So steigerten sich die Einnahmen aus Verkäufen staatlicher

---

[47] Vgl. Naßmacher, K-H., Naßmacher, H., (Nachhaltige Wirtschaftspolitik, 2009), S. 69.
[48] Vgl. Naßmacher, K-H., Naßmacher, H., (Nachhaltige Wirtschaftspolitik, 2009), S. 70.
[49] Vgl. Strätling, R., (Die Aktiengesellschaft in Großbritannien im Wandel der Wirtschaftspolitik, 2000), S. 124.
[50] Vgl. Strätling, R., (Die Aktiengesellschaft in Großbritannien im Wandel der Wirtschaftspolitik, 2000), S. 124 f.

Unternehmen, sowie Wohnungen bis 1986 bzw. 1987 auf ein Zehnfaches – damit lagen die Einnahmen bis 1986/87 bei ca. 14,8 Mrd. Pfund.

Nach kurzer Zeit konnten die Kleinaktionäre aufgrund der günstigen Beschaffungspreise ihre Anteile mit hohem Gewinn an Großaktionäre verkaufen. Somit konnten sie durch ein gesteigertes Einkommen zunehmend in ihren privaten Konsum investieren und sorgten damit für ein fortlaufendes Wirtschaftswachstum. Dieser Verlauf ließ Thatcher jedoch nicht ihr eigentliches Ziel, eine Steigerung der Arbeitseffizienz aufgrund der Beteiligung der Bevölkerung an staatlichen Unternehmen erreichen, da dies auf lange Sicht nicht gewährleisten werden konnte.[51]

---

[51] Vgl. Busch, A., (Die Wirtschaftspolitik der Regierungen Thatcher, 1990), S. 145 f.

4. Schlussbemerkung

Zusammenfassend lässt sich sagen, dass Margaret Thatcher Großbritannien aus der Krise, hin zu einem der wohlhabendsten Staaten der Weltwirtschaft geführt hat.

Mithilfe ihrer Politik konnte sich das Land von der vorherigen Rezession erholen und strebte durch den monetaristisch-neoklassischen Führungsstil, mit der Fokussierung auf Reduzierung sämtlicher Staatsausgaben, durch annähernd gänzlichen Rückzug seitens des Staates, zu einer bis heute frei agierenden Marktwirtschaft auf.[52]

Heutzutage steht Großbritannien wieder vor all denselben Problemen, die zu Beginn der Ära Thatchers vorherrschten. Die Briten haben zu lange über ihre Verhältnisse gelebt und wurden dadurch stärker als ihre europäischen Nachbarn von der grassierenden Finanzkrise getroffen. Als Ursache steht hierbei die strukturelle Schwäche des britischen Wirtschaftsmodells im Vordergrund.[53]

Trotz alledem spiegelt sich der Einfluss Margaret Thatchers aktuell in den wirtschaftspolitischen Einstellungen und den daraus resultierenden Entscheidungen Großbritanniens wieder.

So spricht sich David Cameron, Großbritanniens amtierender Premierminister und Parteivorsitzender der „Conservative Party", auf dem EU Gipfel am Freitag, den 09. Dezember 2011 in Brüssel, gegen das geplante Fiskalpaket aus.

Die Staats- und Regierungschefs der 27 EU-Staaten hatten geplant einen separaten Stabilitätsvertrag zu schließen, um so der gegenwärtigen Eurokrise entgegenzuwirken. Großbritannien hat hierbei auf ein Sonderrecht der Regulierung des heimischen Finanzmarktes bestanden, aber dieses nicht erhalten.

Cameron ist als Mitglied der „Conservative Party" Vertreter der in Großbritannien herrschenden deregulierten und privatisierten Volkswirtschaft. Somit erhält er die volle Unterstützung und Befürwortung britischer EU-Skeptiker, sich als Vertreter seines Landes als einziger gegen die Entwicklung einer europäischen Fiskalunion zu entscheiden. Mittlerweile wird diesbezüglich sogar von einer Selbstisolierung Großbritanniens gegenüber der EU gesprochen, deren Wahrhaftigkeit, Auswirkung und Verlauf abzuwarten bleibt.[54]

---

[52] Vgl. Henkel, I., (Margaret Thatcher), http://www.focus.de/politik/ausland/tid-14135/margaret-thatcher- die-krise-kratzt-am-denkmal_aid_395580.html, 10.12.2011.
[53] Vgl. Oldag, A., (Großbritannien und die Finanzkrise), http://www.sueddeutsche.de/geld/grossbritannien- und-die-finanzkrise-tiefer-fall-1.369032, 10.12.2011.
[54] Viele weitere Informationen dazu lassen sich der Homepage des Fernsehsenders n-tv entnehmen.

Literaturverzeichnis

Bohnet, A., (Die Rolle des Staates 1989) Die Rolle des Staates in den wirtschaftspolitischen Leitbildern des Liberalismus, Neoliberalismus und des Interventionalismus, Band 19 von Finanzwissenschaftliche Arbeitspapiere. Justus-Liebig-Universität. Fachbereich Wirtschaftswissenschaften, Gießen 1989.

Mussel, G., Pätzold, J., (Grundfragen der Wirtschaftspolitik 2005) Grundfragen der Wirtschaftspolitik, 7., überarb. und aktualisierte Auflage, München 2005.

Pätzold, J., Baade, D., (Stabilisierungspolitik 2008) Stabilisierungspolitik. Grundlagen der nachfrage- und angebotsorientierten Wirtschaftspolitik, 7., vollständig überarbeitete Auflage, München 2008.

Rohe, K., Volle, A., (Großbritannien 1999), Großbritannien: Geschichte, Politik, Wirtschaft, Gesellschaft, 1. Auflage, Frankfurt 1999.

Geppert, D., (Thatchers konservative Revolution 2002), Thatchers konservative Revolution: Der Richtungswandel der britischen Tories (1975-1979), München 2002.

Braunberger, G., (Keynes für Jedermann 2009), Keynes für Jedermann. Die Renaissance des Krisenökonomen, Frankfurt am Main 2009.

Altmann, J., (Wirtschaftspolitik 2007), Wirtschaftspolitik. Eine Praxisorientierte Einführung, 8., völlig überarbeitete Auflage, Stuttgart 2007.

Diehl, T., (Die Wirtschaftspolitik Margaret Thatchers 2010), Die Wirtschaftspolitik Margaret Thatcher: Eine Erfolgsgeschichte?, 1. Aufl., Norderstedt 2010.

Strätling, R., (Die Aktiengesellschaft in Großbritannien im Wandel der Wirtschaftspolitik 2000), Die Aktiengesellschaft in Großbritannien im Wandel der Wirtschaftspolitik. Ein Beitrag zur Pfadabhängigkeit der Unternehmensordnung, 1. Auflage, Stuttgart 2000.

Dorn, D., Fischbach, R., Letzner, V., (Volkswirtschaftslehre 2 2010), Volkswirtschaftslehre 2. Volkswirtschaftstheorie und -politik, 5. Auflage, München 2010.

Rossmann, M., (Die Konzeption 2003), Die Konzeption des Klassischen Liberalismus, der Neoklassik und des Monetarismus im Kontext ihrer Entstehungszeit, 1. Auflage, München 2003.

Böhnisch, L., Arnold, H., Schröer, W., (Sozialpolitik 1999), Sozialpolitik. Eine sozialwissenschaftliche Einführung, Weinheim 1999.

Borchert, M., (Geld und Kredit 2003), Geld und Kredit: Einführung in die Geldtheorie und Geldpolitik, 8. Aufl., München 2003.

Van den Adel, M., (Geldentwertung und monetäre Stabilisierungspolitik 1973), Band 68, Berlin 1973.

Köpke, T., (Margaret Thatchers Wirtschaftspolitik 1995), Margaret Thatchers Wirtschaftspolitik und ihr Niederschlag in ausgewählten Romanen, 1. Aufl., Norderstedt 1995.

Wilhelm, C., Maier, M.,(Kapitalismus, Demokratie und Freiheit 2000), Kapitalismus, Demokratie und Freiheit bei Milton Friedman, 1. Aufl., Norderstedt 2000.

Könke, J., (Die institutionelle Koordination 1971), Die institutionelle Koordination von Geld- und Finanzpolitik in Großbritannien, Berlin 1971.

Heine, M., Herr, H., (Volkswirtschaftslehre 2003), Volkswirtschaftslehre, 3. völlig überarb. und erw. Aufl., München 2003.

Meyer, T., Turowski, J., (Praxis der Sozialen Demokratie 2006), Praxis der Sozialen Demokratie, 1. Aufl., Wiesbaden 2006.

Dietl, W., (Machtverlust Thatcher 2005), Machtverlust Thatcher unter partei- und europapolitischen Gesichtspunkten, 1. Aufl., Norderstedt 2005.

Wisch, F-H., Martin, P., Martinson, M., Schruth, P., (Europäisches Probleme 2006), Europäische Probleme und Sozialpolitik / European Problems and Social Policies, Berlin 2006.

Naßmacher, K-H., Naßmacher, H., (Nachhaltige Wirtschaftspolitik 2009), Nachhaltige Wirtschaftspolitik in der parlamentarischen Demokratie. Das britische Beispiel, 1. Auflage, Wiesbaden 2009.

Busch, A., (Die Wirtschaftspolitik der Regierungen Thatcher 1990), An „Economic Miracle"? Die Wirtschaftspolitik der Regierungen Thatcher, in: Sturm, R., Thatcherismus. Eine Bilanz nach zehn Jahren, Bochum 1990, S. 129-154.

Sturm, R., (Sozialstruktur und Gesellschaftspolitik),

http://www.bpb.de/die_bpb/01598244526840217657576306913618,5,0,Sozialstruktur_und_Gesellschafts
politik.html, 09.12.2011.

, (Großbritannien und die Finanzkrise), Großbritannien und die Finanzkrise – Tiefer Fall, http://www.sueddeutsche.de/geld/grossbritannien-und-die-finanzkrise-tiefer-fall-1.369032, 10.12.2011.

Henkel, I., (Margaret Thatcher), Margaret Thatcher: Die Krise kratzt am Denkmal, http://www.focus.de/politik/ausland/tid-14135/margaret-thatcher-die-krise-kratzt-am-denkmal_aid_395580.html, 10.12.2011.